JN001113

前橋台地 I
その成り立ちと旧石器・縄文時代

上毛新聞社

BOOKLet

目次

はじめに

　前橋市の市域南部を占めて広がる平坦な大地も、昭和30年代からの高度成長時代に始まるわが国の産業経済の改革が持続的に進展し、経済大国として国際的に揺るぎない地歩を固めた時代に、大規模な農業構造改善事業や住宅団地・工業団地の開発が進んで、その後、現在に至る地域発展の基盤形成につながっています。しかし、その一方で、人々の生活様式の変容は、地域に伝えられてきた生活・文化の喪失をももたらし、地域のアイデンティティーは大きな時代のうねりの中でゆらいでもいます。

　そうした時代ではありますが、この前橋市南部に広がる大地に立ち、地平の先にそびえる赤城、榛名の山容を望んでいると、そのおおらかな情景に気持ちはどことなく和み、親しみを覚えずにはいられません。自分の住む地域・郷土はどのような歩みをして現在に至っているのでしょうか。郷土に対する理解を深めたいという想念が過（よぎ）ります。

　市文化スポーツ観光部に在籍していた手島仁さんから「前橋台地の古墳」というテーマで、市の発行するブックレットの1冊として執筆してみないかというお勧めを頂いたのは、もう2年も前のこと。きっかけは、市の上川淵地区自治会連合会が運営している上川淵地区郷土民俗資料館（旧上川淵公民館庁舎を転用した施設）が毎月発行している『資料館だより』に穴埋めのつもりで執筆していた「前橋台地の古墳」の題名で連載しているつれづれの研究雑考をまとめてみないかというものでした。

　考えてみれば、“前橋台地”とは地学研究者や郷土史家の間ではだれもが知る市域南部から玉村町に広がる平野地帯を指す地学上の地域名。更新世後期に発生した浅間山の山体崩壊を引き起こした噴火で発生し、吾妻川域に流出した大規模な火砕土石泥流が、赤城・榛名山の山麓の間に渋川市南部付近を扇頂として広がる利根川流域の厚い砂礫層（前橋砂礫層）の広がる扇状地地形（“前橋扇状地”あるいは“利根川扇状地”という固有名詞を与えている研究者もいるが、それを肯定するものの積極的にその用語を採用している郷土史研究者はいない）を埋没して形成した氾濫原であり、新

たにその周縁部に河道を刻んだ利根川や烏川<ruby>烏川<rt>からすがわ</rt></ruby>などによって、その河道面より一段高い平坦地を形成していることから"前橋台地"の名称が定着している地域です。しかも、その成因をなす浅間山の火山活動についての研究は、群馬大学名誉教授故新井房夫先生をはじめとする県内研究者らによって進められ、学界の高い評価を得ていて、その研究成果は遺跡の年代同定に欠かすことのできない火山灰地層の研究の礎ともなっています。

　そうした研究が進んでいる前橋台地ですが、地形形成史の視点からは、どのような前橋台地の変遷がたどれるのでしょうか。筆者の知る狭い知識では、地形発達史の視点から、後期旧石器時代の前橋台地の遺跡形成を論じた関口博幸氏の岩宿フォーラム予稿集（2008）の論考など注目すべきものもありますが、利根川水系域の利根川本流と、それに合流する西毛地域の山岳地帯に発する諸河川の変遷を総括的に論じた論考の存在は、ブックレットの20・21巻としてまとめられた小野久米夫氏の執筆になる『前橋と古利根川』上巻・下巻を置いて他に知りません。しかも、その小野氏の論考は、現在の前橋台地を貫流する利根川への広瀬川低地帯を形成した桃ノ木川・広瀬川からの変流の過程を主たるテーマとし、そして前橋城とその城下の市街地の変遷に及んだ論考です。

　『前橋台地の古墳』を取り上げる前に、その前史として、まずは前橋台地の成り立ち、そして、その前橋台地に私たちの遠い祖先たちはいつの時代から住むようになったのか。そのことを概観する必要があるのではないか。すなわち、後期旧石器時代後半から縄文時代、そして弥生時代にかけての前橋台地の地域が歩んだ歴史を概観することが大切ではないかと考えるに至ったわけです。

　考古学を専門とする筆者にとって学際的に密接な関係にあるとはいえ、地質学、地形学の分野は素人同然で、その分野の知識は専門とする諸先学の研究に支えられている状況です。そんな中で、前橋台地を時系列的に整理して考えるということのヒントとなったのは、前橋泥流堆積層に貫入する砂礫層の存在が現利根川右岸の総社町地内で確認されていること、そして、現在の井野川下流域の高崎市矢島町内の採石工事現場で利根川本流系

の砂礫層の分布が認められるということから推して、前橋台地形成の初期の段階で利根川本流は市内総社町付近から南流し、井野川低地帯を形成したとする県内研究者たちの研究成果の『新編高崎市史』通史編1・原始古代の記事87p〜91pに接したことです。

　そんなわけで改めて、その前橋台地の成り立ちを時系的に整理してみますと、次のように6期の大きな画期があり、変遷したことが指摘できるのではないかと考えるようになりました。

① まず、その発生時にあって烏川を高崎市・観音山丘陵東北麓に碓氷川（うすいがわ）とともに変流せしめ、鏑川（かぶらがわ）・神流川（かんながわ）を合流した烏川水系域の形成につながり、"烏川・鏑川低地帯"が生まれたこと。

② 流出氾濫原の中央域を南流するようになった利根川本流が陣場火砕流の発生によって、赤城山西南麓寄りに流路をとるようになり、桃ノ木川と広瀬川域の"広瀬川低地帯"の形成につながったこと。

③ それによって台地内への利根川本流の流入は遮断され、新たに榛名山南面に流出する井野川（上流域は車川・白川）が変流以前の烏川域の沖積地化を進め、前橋台地を東の前橋台地と西の高崎台地に分離する"井野川低地"の形成につながったこと。

④ そうした中で、浅間山の火山活動は持続していて、特に更新世終末期の活動は活発で、台地を形成する湿潤な前橋泥流層上には火山灰地層（ローム層）の堆積が進み、完新世時代の沖積地化が進んだ地表地層の基盤層を形成したこと。

⑤ 更新世最終末段階になり、高崎台地と井野川低地帯には、西毛地域の山岳崩落の発生によると推定されている"高崎泥流"と命名される泥流の氾濫があったとされ、地表地形の形成が井野川以東の前橋台地とは対照的に進んだこと。

⑥ 更新世終末期から完新世の段階で、河岸地形の発達した台地周縁部域では高燥化が進み、平地林が広がる一方、台地内奥域に広がる湿潤な沖積地内でも湧水や滞留する雨水が集まる小流、端気川（はけがわ）・藤川などが形成され、その流路筋には小規模な微地形がハンノキなどの広葉落葉

樹の茂る平地林として点在するようになったこと。

　そうした前橋台地の成り立ちを踏まえて、その地に私たちの遠い先祖はどのように関わってきたのか。そのことをテーマにして、前橋台地に古墳時代が到来する前史としての、旧石器時代、縄文時代、弥生時代における前橋台地の地域の歴史を、視野を広げて概観したのが本書執筆の意図です。

　そこで専門研究書の硬直な記述スタイルからできるだけ離れ、平易な文章で、思いつくままに叙述しようということで、あえて、「…である」調ではなく「…あります」調で執筆することにしました。

　そして、記述内容を事実のみの記載にとどめる"知識の押し売り"ではなく、他の関連する事象との関係を大局的に捉えること、そして考えるためのものとすることができればと、特に地域全史として、人間の歴史を概観することを踏まえ、アジアの中の日本、日本の中の東日本、そして、東日本の中の前橋台地地域という視点で記述することにしました。この考えは本書に続く前橋の古墳シリーズの執筆方針でもあることを申し添えておきたいと思います。

　そうした観点から、本書は第1章を前橋台地の成り立ち、第2章を前橋台地の先史時代と大きく章立てして、特に第2章については後期旧石器時代から縄文時代の変遷について取り上げています。弥生時代については紙面の都合もあり、前橋台地の古墳時代、すなわち"大開発時代の前橋台地"の前史として次巻において述べることにしました。

第1章　前橋台地の形成

1 母なる大地 "前橋台地"

①厳しい更新世紀期の自然環境

　日本海を内懐に抱えるように、アジア大陸の東縁に連なる現在の日本列島の島々の海岸線地形が形成されたのは、地球誕生46億年の歴史の中ではごく最近のことです。更新世後期です。厳しい気候の変動があり、数次にわたる氷河時代が地球を覆った時代の後でした。列島地域の火山活動も盛んで赤城山、榛名山、浅間山なども激しい活動を繰り返していました。

　そうした日本列島地域に人類が住むようになったのは、その更新世時代でもその後半になってからというのが、見つかっている遺跡の地層や出土した石器の特徴から推して、多くの研究者が認める見解です。さらに、どのくらい前までさかのぼるかは明らかではありませんが、その更新世の時代に人類が住むようになっていたことを初めて証明したのが相沢忠洋さんによる岩宿遺跡の発見と、それを踏まえて相沢さんも加わって行われた明治大学・考古学研究室による同遺跡の発掘調査でした。

　それまで、日本列島地域には完新世時代以前の自然環境の厳しい更新世時代にまでさかのぼって人類の歴史は存在しないと、誰しも当たり前のように思っていました。気候は寒冷で、火山活動が激しく繰り返していた更新世の日本列島は、火山灰や軽石などの火山噴出物が堆積する赤土のローム層が厚く地表を覆い、生物の生存できるような自然環境ではなかったであろうというのが多くの研究者の常識だったのです。

②縄文文化の始原を求めて

　日本列島の人類の歴史はどこまでさかのぼるのか。それは更新世時代から完新世時代へと地球の自然環境が温暖化へと変容していくなかで、アジア大陸から分離した無住の日本列島地域に海を渡って大陸方面から来た縄

文時代人の先祖であろうというのが太平洋戦争前の人類学や考古学の研究者たちが抱いていた漠然とした説でした。このことは、言い換えれば、日本列島に北海道から九州まで広まった縄文時代の文化の始まりは、いつごろで、どういうもので、どこから広まったかという問題でもありますが、それを歴史学の課題として積極的に取り上げられるような時代ではなかったのです。

　終戦を迎え、神話に始まる皇国史観から解放され、歴史学として復権した日本の考古学は、堰を切った流れのように多くの研究者をして、この命題に向かって縄文時代の土器の型式編年の構築を軸にした研究を進展させました。

　すでに、太平洋戦争終戦前の段階で、人類学、考古学での縄文時代の編年研究は、5時期（早期・前期・中期・後期・晩期）区分を大枠に、それぞれの時期を土器形式の分類を踏まえて細分した編年を確立していました。そして、そうした状況のなかで、日本列島地域に最初に出現した土器は、撚った糸を巻きつけた棒を土器の表面に転がして土器の形や器面を整えた撚糸文系の土器や、編んだ縄を直接転がして土器の形や表面を整えた縄文系の土器、刻みを入れた棒を転がして土器の形や表面を整形する押し形文系の土器で、いずれも土器の形は尖底か丸底の深鉢形を特徴とするこれら早期の土器文化群にあるであろうというのが考古学界の見解でした。そして、その年代は土器の型式編年から約6000年前ごろに推定できるのではないかと考えられていました。

　そうした学界の状況のなかで、昭和22・23年（1947・48）には、東京大学人類学教室による北関東地域の縄文時代早期の遺跡の発掘調査が地元桐生市に在住する郷土史研究者などの協力を得て桐生市菱町黒川・普門寺遺跡で行われています。縄文時代最古の土器文化の解明を期してのものです。岩宿遺跡発見は、そうした時代のなかで考古学研究に目覚めた相沢さんのなされた画期的な発見だったのです。

　それまで、更新世時代の赤土の地層には存在しないと考えられてきた石を打ち欠いて作った石器を主要な生活用具として生活していた遠い昔の人類の歴史が旧石器時代にさかのぼって、この日本列島地域にも存在するということが明らかになりました。

2 岩宿時代人の猟場・赤城山の裾野

①火山活動が盛んな岩宿遺跡の時代

　岩宿遺跡の遺された後期旧石器時代は、地球の気候が4度にわたって繰り返し襲った氷河期の最後の氷期から脱し、温暖な気候へと移行した時代です。気候は現在よりも寒冷で、しかも浅間山・赤城山・榛名山などの火山活動も続いていました。

　岩宿遺跡に住んだ人々は、そうした厳しい自然環境のなかで山野に獲物を追って赤城山の広大な裾野原野に生活していた狩人たちの一群だったと考えられます。岩宿遺跡は、そうした狩猟生活に明け暮れた狩人たちのキャンプサイトの一つだったのです。

　その岩宿遺跡の地に最初に住んだ狩人たちの時代は、遺跡を包含する地層の年代研究から現在の鹿児島湾にカルデラを形成した姶良火山が2.1〜2.5万年前に大噴火し、噴出した火山灰とされる姶良・丹沢火山灰層（AT）を挟んで堆積するローム層の下位に位置する有機質土質を帯びた茶褐色ローム層が堆積した時代です。盛んな火山活動の合間に、植物も茂り、植生も比較的安定していた時代だったようです。

　市域の東北域から東部域の大半を占める赤城山西南麓域は、岩宿遺跡のある赤城南面地域とは地形、地層形成も同じ赤城山裾野の圏域にあります。岩宿時代にさかのぼって旧石器時代の狩人たちの活躍が繰り広げられた地域でした。

②少ない市南部平野の旧石器時代遺跡

　近年、この広大な赤城山西南麓の裾野原野でも、工業団地や住宅団地などの大規模開発が進んで、地域は著しい変貌を遂げています。そうしたなかで、旧石器時代の遺跡の存在は各所で発見されています。（第1図）

　これによれば、赤城西南麓裾野のなだらかな起伏に富んだ丘陵を刻んだいく筋もの谷が放射状に流れ下る原野は、現在よりも寒冷な気候でしたが、今では絶滅してしまったオオツノジカやナウマンゾウなどの大型獣の生息

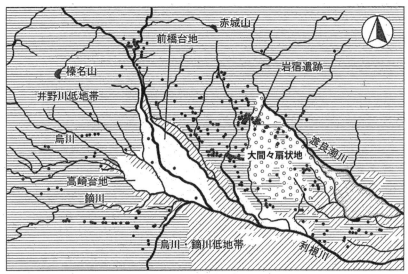

第1図　群馬県南部・利根川水系域の旧石器時代遺跡
　　　　ー赤城山南面裾野原野に集中する遺跡の分布ー

する旧石器時代の人びとにとっては貴重なハンティングランドであったと推測されます。おそらくは、利根川の氾濫原を越えた西方に広がる榛名山東南麓の裾野末端の原野や西毛の丘陵地域も旧石器時代人のハンティングランドであったと思われ、遺跡の発見例も増加しています。

　しかし、市域南部に利根川を挟んで広がる平野地域には旧石器時代の遺跡は、4カ所での槍先形尖頭器出土地が見つかっているに過ぎません（第2図）。

　約2.4万年前に発生した浅間山の噴火活動に起因した前橋泥流の厚い堆積層に始まり、その後も繰り返し噴火活動を続ける浅間山の噴火を起因とする火山灰層の厚い堆積に阻まれて、調査は手つかずなのです。前橋砂礫層を形成した利根川水系の氾濫原には所々に砂州が疎林や草原の茂る中島に変わり点在していたと推定されます。そして、そこに生息する獲物を求めて、岩宿時代の狩人たちが足跡を残したであろうことも想定できなくもありません。しかし、厚い泥流の堆積層に阻まれて、調査は事実上不可能なのです。

③旧石器時代末期に始まる市南部平野の歴史

　今、私たちが確認できる前橋市南部の平野地域の最古の遺跡は、旧石器時代から縄文時代へと時代が変わる更新世末から完新世初期にかけての時代のものです。湿原・沼沢地の景観を呈していた前橋泥流氾濫原に繰り返し堆積した浅間山噴火の火山灰・軽石の堆積が進むなかで、所々に沖積層が形成され、氾濫原のあちこちに生まれていた湿原や湿地林に生息する獲物を求めて進出した人々の時代に始まります。

　樹木を伐採し、加工したのでしょう。刃先を研磨した短冊形の石斧。狩りする獲物も大型動物は少なくなり、敏捷な小型動物や渡り鳥などに対象を広げたのでしょう。打ち欠いて木葉形に整えた槍先形の石器を残した狩人に後続して、刃先を研磨した短冊形の分厚い打製石斧、より小型化した精巧な槍先形の尖頭器や石鏃を残した狩人が進出した時代に始まります。遠方から獲物を仕留めることのできる飛び道具＝投槍や弓矢＝を使用するようになり、とともに、食べ物を煮炊きする土製の容器、すなわち粘土を焼いて作った土器も残されました。今から1万2千年〜1万3千年前のことです。（第3図）

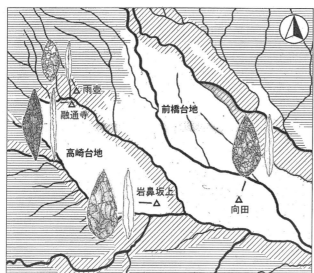

第2図　前橋台地地域の旧石器時代の遺跡

　弓矢の使用、すなわち、棒の両端に弦を張ってエネルギーを蓄え、そのエネルギーを瞬時に放出することで矢を遠方の獲物に的確に当てて倒すというのは、まさに我々の時代の応用力学に通じる技術

	旧石器		縄　　　文								備　　考
	後期	計	草創期	早期	前期	中期	後期	晩期	不明	計	
前橋台地	1	1	3①	/	6⑥	7④	5④	/	/	21⑮	○内は井野川低地帯に面する台地西南縁部に占地
広瀬川低地帯	/	/	1①	/	/	2	1	1	/	5	○内は赤城山麓末端の広瀬川低地帯に面して占地
高崎台地	1	1	/	/	3	11	3	/	1	18	
井野川低地帯	2	2	1	2	7	17	8	/	5	40	井野川低地帯に榛名山南麓域から流出した扇状地末端の沖積地を中心に占地する。
烏・鏑川低地帯	/	/	/	/	/	2	2①	1①	/	5	□内は烏・鏑川低地帯の南縁の藤岡台地側縁部に占地
計		4	5②	2	16⑥	39⑥	19④①	2①	6	89	

第1表
現在存在が確認されている前橋台地、高崎台地、広瀬川低地帯、井野川低地帯、烏・鏑川低地帯の旧石器・縄文時代遺跡集計表
（前橋市史・新編高崎市史 I、原始古代編より集計）

です。また、加熱することで水に溶けない粘土の器＝土器＝をつくるということも熱処理化学の技術です。そうした技術を習得して自然の恵みをより有効に活用するという人々が活躍する時代へと進歩しました。縄文時代への生活技術変革が始まったのです。

この時代を境に、赤城山麓や榛名山麓の裾野原野を主要な生活圏域として、狩猟採集を生業にしていた市域に住んだ私たちの遠い祖先は、市域南部に広がる低湿な平野地域に生活活動を広げることになりました。その時代は、大陸から分離し、閉ざされていた日本湖（海）に黒潮から分かれた対馬海流が流入し、現在の日本列島地域の地理的環境の形成へとつながる地球規模で進んだ気候温暖化の変動期に重なります。おおむね、東日本の全域から西日本の内陸高地域には落葉広葉樹林を主とした植生が、西日本の低標高地域には常緑広葉樹（照葉樹）林の植生が多くを占める自然環境へと変容しました。

人類の歴史は、打製の石器、骨・角・牙で作った道具を使い、土器はないながらも狩猟・漁撈・採集で食料を得て生活していた旧石器時代から、磨いて作った石器や土器や織物を使用し、定住して農耕・牧畜（一部は遊牧）を営み、食物を手に入れる生活へとシフトした新石器時代へと進展しました。

日本列島地域にあっては、赤土のローム層内に残された岩宿遺跡の時代は、まさに旧石器時代に当たります。その岩宿遺跡の時代に続く縄文時代は、

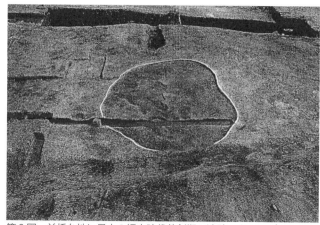

新石器時代ということになりますが、食物獲得の手段は、旧来の狩猟・漁撈・採集の段階に止まったまま。農耕へとシフトしていった中近東アジアやヨーロッパの新石器文化とは異なる

第3図　前橋台地に最古の縄文時代草創期の遺跡ーキャンプサイトの住居と思われる徳丸仲田遺跡の凹み遺構ー

展開をしました。

　太平洋の黒潮の影響を受けて温暖化が進行する日本列島地域の自然環境は緑豊かで、栽培・飼育によって自らの手で食物を生産するという食物獲得手段の変更を迫られるまでには至らずに、狩猟・採集という自然の恵みに依存する生活が維持できていたからだと考えられます。

3　岩宿時代に形成された前橋台地

①市南部の平野を埋めた浅間山噴火の泥流

　前橋市南部の平野地域は、今から約2万4千年前の浅間山の噴火で発生した大規模な山体崩壊が起因となって生まれた台地です。浅間山の山体崩壊によって発生した岩屑なだれは、吾妻川筋にも流出し、流域をも巻き込んで大洪水をひき起こし、今の渋川市南部付近を扇頂とした赤城、榛名山の裾野末端に広がる利根川の扇状地・氾濫原を埋め尽くしました。

　その範囲は、東は赤城山西南麓末端域から伊勢崎南部の広瀬川の現利根川合流地付近まで広がり、西は高崎市市街地の西方を流れていた碓氷川流

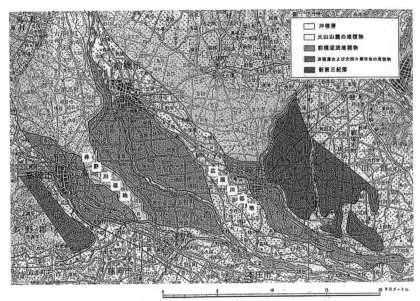

第 4-1 図　前橋泥流堆積物の分布　（財）群馬県建設技術センター 3003 より

域に烏川の流路を変流せしめて、末端は高崎市倉賀野町から玉村町南部で
合流する烏・碓氷・鏑・神流の諸河川流域に及びました。ほぼ、高崎・前橋・
伊勢崎を結ぶ、JR 両毛線に囲まれた県南部中央域の平野部を占めています。
（第 4-1 図）

　この泥流は、浅間山の岩屑なだれで生じた岩塊・土砂礫や、吾妻川流域
でひき起こした山崩れで生じた土石流の土砂礫が攪乱された状態で厚く堆
積した地層を形成しています。

　研究者は、その厚く堆積した泥流層を "前橋泥流層" と呼んでいますが、
市域中心市街地付近においては厚さ 15m にもなる堆積層を形成していま
す（第 4-2 図）。前橋泥流層は、火山活動によって発生した泥流層ですから、
一気に利根川が形成する扇状地の前橋砂礫層を埋没したというのが多くの
研究者たちの常識です。しかし、その流出範囲は広大で、流出量も膨大です。

　筆者は、前橋泥流は規模も膨大であることからみて、第 1 波ともいうべ
き最初の流出は南下していた利根川に榛名山東南麓で合流する烏川と碓氷
川の氾濫原を逆流するかたちで埋め尽くし、烏川を鏑川筋に変流せしめて、

高崎台地地域に堆積し、それによって流路を赤城山麓方面に振ることになった利根川によって第2波ともいうべき、それ以降の泥流は前橋台地地域に流出して、広義での前

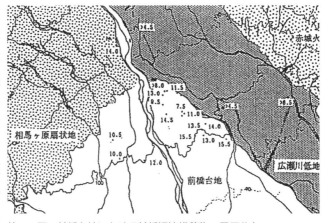

第 4-2 図　前橋台地における前橋泥流堆積物の層厚分布
　　　　　数字の単位はメートル（早田、1990）

橋台地の形成につながったとするのが、その後に形成された井野川低地帯と広瀬川低地帯の存在を考える上でも無理がないのではないかと推定しています。

②浅間山噴火の落とし物・岩神の飛石

　群馬大学医学部敷地の西隣地に鎮座する昭和町の飛石稲荷社の御神体、国指定天然記念物 "岩神の飛石" は、地上に折り重なるように露頭する岩体だけでも周囲約 60m、高さ 9.65m という安山岩質溶結凝灰岩の巨岩です（第5図 -1）。元は一塊の巨岩で、周囲には同質の巨岩はないことから利根川上流の坂東橋上流付近に赤城火山カルデラ形成期に流出した流山の一つが 2.4 万年前の浅間山・黒斑山の大噴火で発生した前橋泥流によって現在地まで押し流されたものという説が有力でした。

　しかし、その岩質は、中之条町・"とうけえ石"（第5図 -2）などと同質であることから、その給源は大噴火で山体崩壊した浅間山・黒斑山の岩屑なだれで流出した岩塊の一つで、前橋泥流に包含されて約 60km 離れた現在地まで流出したものという説が最近では有力です。

　近年行われた市教育委員会の調査では、岩神の飛石の岩体底部は、現地表面下約 10.0m にあり、前橋砂礫層上面に堆積する前橋泥流層の下部層を

第5図-1　岩神町・飛び石稲荷神社御神体・"岩神の飛石"（岩神の飛石環境整備報告書）

第5図-2　吾妻郡中之条町中之条・とうけえ石（岩神の飛石環境整備報告書）

第5図-3　敷島町敷島公園内・お艶ヶ岩（岩神の飛石環境整備報告書）

第5図-4　高崎市石原町地先・烏川内の"聖石"（『新編高崎市史口絵』）

挟む形で残置していることがボーリング調査によって確認されています。周囲約60m、高さ約20mにもなる巨岩であることが明らかになりました。

　渋川市・坂東橋から下流の利根川河床には所々に"岩神の飛石"と岩質を同じくする赤く焼けた痕跡を残す岩礫が見られますが、敷島公園内のお艶ヶ岩（第5図-3）もその一つです。それらの岩塊は前橋泥流層を浸食し、前橋台地を形成する過程で利根川が残したいわば"置き土産"といえるものです。"岩神の飛石"は、現在の前橋市街地を東南流する広瀬川の前身・利根川の水流によって周囲が洗われて地上に露頭した岩塊。その後、新たに堆積した広瀬川の河床砂礫層に岩体のほぼ下半部を埋没する状態で存在しています。

　前橋台地形成の過程を知るいわば生き証人といってよい巨岩です。

　一方、高崎市市街地西方を流れる烏川河川敷内に露頭している"聖石"も

前橋泥流によって現在地に流出した岩石と考えられています（第5図-4）。

　また、その前橋泥流層は、朝倉町と後閑町にまたがる地では、その地に建設された日赤前橋病院の敷地内の地層ボーリング調査で、現地表から約18mの深さ

第6-1図　前橋市後閑町・日赤前橋病院建設地内における前橋泥流堆積土層（工事中に許可を得て地下室建設中の地層掘削現場での露頭地層を撮影）泥流が7.8m以下続くとなっています。

にある"前橋砂礫層"の上層に堆積する15.5m内外の礫混じりシルト層ですが赤く焼けた岩石や土砂が攪乱した状態で堆積する厚い埋没地層であることが、確認されています。（第6図-1）（第6図-2）

　前橋泥流層は、岩宿遺跡の時代の後に発生した利根川流域の自然環境を壊滅的なまでに埋没、変貌せしめた痕跡をとどめる地層なのです。第7図は、その前橋泥流層の堆積状況を図解した模式図です。（第7図）

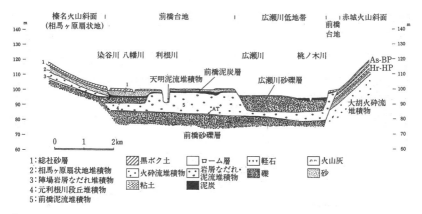

第7図　前橋台地の模式的地質断面図（早田、1990）

標高	層厚	深度	土質区分	色調	相対密度	相対稠度	記事
-87.14	0.55	0.55	表土、シルト質土、粘土	暗褐灰			0.00～3.80m試掘。黒耕土。田んぼ。含水量低い。粘着性乏しい。
-86.09	1.05	1.60	粘土	黄茶灰			含水量低い。粘着性強い。
-85.39	0.70	2.30	粘土	茶灰褐			腐植物少量混入。下部に中砂混入。
-84.94	0.45	2.75	粘土質シルト	暗青灰			含水量高い。粘着性乏しい。
-84.19	0.75	3.50	礫混じりシルト質細砂	暗緑灰	中ぐらい		角礫（φ2～50mm）混入。（φ5～35mm主体）凝灰質で一部固結している。含水量高い。粒径は不均一である。
-83.39	0.80	4.30	礫混じりシルト質細砂	暗青灰			角礫（φ2～50mm）混入。（φ2～10mm主体）φ2～8mmの軽石・スコリア少量混入。含水量高い。粒径は不均一である。
-79.89	3.50	7.80	礫混じりシルト質細砂	暗褐灰	非常に緩い～緩い		角礫（φ2～40mm）混入。（φ2～10mm主体）φ2～8mmの軽石・スコリア多量混入。含水量高い。粒径は不均一である。
-76.99	2.90	10.70	玉石混じりシルト質細砂	暗灰	緩い		角礫・亜円礫（φ2～200mm）混入。（φ5～60mm主体）φ2～8mmの軽石・スコリア少量混入。玉石20～30cm間に混入。含水量高い。粒径は不均一である。
-75.59	1.40	12.10	礫混じりシルト質細砂	暗灰			角礫（φ2～80mm）混入。（φ5～40mm主体）軽石（φ2～10mm）・スコリア・玉石少量混入。含水量高い。粒径は不均一である。
-73.09	2.50	14.60	礫混じりシルト質細砂	暗灰	中ぐらい		角礫（φ2～80mm）混入。（φ30～60mm主体）軽石（φ2～10mm）・スコリア・玉石少量混入。含水量高い。粒径は不均一である。
-69.64	3.45	18.05	礫混じりシルト質細砂	暗灰	緩い～中ぐらい		角礫・亜円礫（φ2～70mm）混入。（φ5～25mm主体）。スコリア少量混入。含水量高い。粒径は不均一である。
-69.24	0.40	18.45	中砂	暗褐灰			軽石少量混入。含水量高い。粒径は様々。
-68.79	0.45	18.90	粘土	暗青灰			腐植物少量混入。含水量低い。
-68.44	0.35	19.25	シルト質細砂	暗緑灰			粒径は不均一である。粒子は細かい。
-68.04	0.40	19.65	細砂	暗青灰			礫（φ2～25mm主体）少量混入。粒径不均一。
-64.39	3.65	23.30	玉石混じりシルト質細砂	暗青灰	非常に密な		円礫・亜円礫（φ2～150mm）。（φ5～70mm主体）。マトリックスは細砂。玉石多量混入。含水量高い。

第6-2図　前橋市後閑町内、日本赤十字社前橋病院同建設地内の地層ボーリング柱状図
（出典：同病院建設設計図表／建設工事責任者からの提供資料）

4 高崎台地・前橋台地の形成と利根川の変流

①泥流氾濫原を二分する井野川底地帯

　県立公園「群馬の森」のある井野川下流域には、前橋泥流流出地域を東西に二分するかたちで浸食した河崖地形が両岸に形成されていますが、それは赤城・榛名山の裾野末端に広がる利根川の扇状地を形成する前橋砂礫層の氾濫原に流出した前橋泥流が厚く堆積し、新たな氾濫原、すなわち前橋台地・高崎台地を形成した直後に流路をとった利根川の浸食した河岸段丘の崖とする説が有力です。

　『新編高崎市史通史編1』では、「高崎市矢島町地内の砂利採取場では段丘面の層厚 10m 以上にわたって厚い礫層が見られた。この礫層の下部に含まれる礫には、いろいろな火山岩などと一緒に、直径が 20cm を超えるような閃緑岩・超塩基性岩・黒色頁岩・ホルンヘルスなどの亜円礫が含まれていた。これらは谷川岳の周辺や片品川流域に見られる岩石で、現在の利根川の河床で普通に見つけることができる」ことから「検討の余地がある（以下中略）」としながらも「当時の利根川が堆積させたものと考えるのが妥当である」と、井野川低地帯が前橋泥流堆積後、間もないころの利根川の水流が前橋泥流堆積地内に流入し、浸食した河道とする説を掲げています。（「　」内文章は『新編高崎市史通史編』88 頁記載文を引用）

　筆者は、前橋泥流の流出範囲が広大であることから推して、前橋泥流の第1波は榛名山東麓寄りを南流する河道をとっていた利根川本流筋に流出し、榛名山南面域で利根川に合流していた烏川・碓氷川の氾濫原を逆流するかたちで埋め尽くして、烏川を碓氷川とともに鏑川水系域に変流せしめ、高崎台地の形成につながった。その烏川・碓氷川氾濫原を埋め尽くした前橋泥流は間断なく第2波となって氾濫地域を東方へと広げ、市域南部の平野部をほぼ占める前橋台地の形成につながり、最終的には利根川本流は赤城山西南麓寄りに河道をとるように変遷したのではないかと推定しています。

　また、井野川下流域に認められる利根川流路は、第1波と第2波泥流の重なる境目に流出した前橋台地・高崎台地形成直後の利根川の河道跡とす

るのが妥当で、その河道域に向かって榛名山南面に流出する井野川が高崎台地北部から東北部域、すなわち旧烏川河道域を浸食して形成したのが井野川低地帯で、この井野川低地帯の形成に大きく起因したのが、約1.7万年前と推定されている榛名山相馬岳付近に発生した陣場岩なだれの発生ではなかったかと推定しています。

　吉岡町漆原・大久保付近から市内川原町付近に流出した陣場火砕流によって流路を塞がれた利根川は、桃ノ木川流域に変遷して広瀬川低地帯の形成につながり、一方、榛名山南麓に流出した火山泥流によって山麓末端に広がるかつての烏川流域は榛名山中に発する河川（車川・白川・八幡川など）による沖積地化が進み、井野川低地帯の形成と高崎台地地域の前橋台地からの水系的な分離が定まったと推定しています。

②高崎台地・井野川底地帯を覆う高崎泥流層

　そうした高崎台地地域や井野川低地帯地域には、その後、1.1万年前の更新世末期ごろに発生したと推定される泥流堆積層が前橋泥流層を覆う浅間板鼻黄色軽石層上に認められます。"高崎泥流層"と呼ぶ地層です。その堆積は、台地西北部寄りの高崎旧市街地地域から井野川低地帯域に顕著ですが、井野川低地帯をほぼ境に東方の前橋台地地域では明らかではありません。（第8図）

　研究者の間では、高崎泥流層の地質構造、発生年代などについては、『新編高崎市史』通史編にその研究成果が論述されていて、「高崎泥流層の発生は榛名山西麓から秋間丘陵付近で起きた大きな地震が関係している」（『新編高崎市史』通史編P 86）と指摘されていますが、まだ明らかではありません。

　しかし、高崎台地地域と井野川低地帯地域のその後の沖積地化に大きく関わり、各所に小規模な谷地形が存在する大地へと変容せしめたことは間違いないでしょう。

　そうした自然環境の変容が、後の時代における高崎台地地域の前橋台地地域に対して明らかに優越した縄文時代前期から中期後半をピークに後期

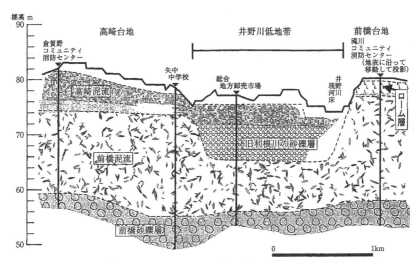

第8図　地層ボーリング資料からみた井野川低地帯の地下断面図（『新編高崎市史通史編 I P.90』）

前半期にかけての遺跡の分布に見られる地域差や、弥生時代中・後期における同地域の北関東地域における際立った水田稲作農耕村落社会発展への土壌となったことは間違いないでしょう。

　そして、西毛地域に流出する河川を集めることになった烏川が河道を安定化せしめて、高崎台地西縁から南縁の河崖地形を形成して、烏川低地帯の沖積地化にも連動したと考えています。

③赤城山寄りに偏流した利根川とその広瀬川底地帯

　約1.7万年前、榛名山・相馬岳を中心に発生した火山活動で、その東南麓の吉岡町漆原・大久保付近に流出した"陣場火砕流"の末端が流路を塞ぐ役割を果たして、前橋台地と高崎台地の堺目に流出した利根川の本流は流路を塞がれ、新たに榛名山東南麓には八幡川・牛池川・染谷川などの流域の山麓扇状地化が進み、井野川低地帯域の沖積地化が進みました。そして、それと並行して、利根川の本流は東方の赤城山西南麓に流出する現在の桃ノ木川水系域に流路をとるようになり、やがて前橋泥流堆積地域の東北縁を浸食しながら河道を広げ、前橋市街地中央部の馬場川右岸から文京町北縁を画し、朝倉町1丁目から広瀬町、山王町、そして東善町の東北縁へと

続く広瀬川・韮川右岸の河崖を形成する河道へと変流しました。（第9図）

第9図　広瀬町地先の広瀬川右岸の河崖（右上から中央に延びる。中央の森は八幡山古墳）

この赤城山西南麓末端寄りの前橋泥流層の堆積地域、すなわち現在の桃ノ木川、広瀬川域に流路をとるようになった利根川は、前橋泥流層を浸食して、河崖の高さ 6.0~3.0m、幅 2.5~4.0km の広瀬川低地帯を形成しています。広瀬川低地帯を形成した利根川は、初期の段階では赤城山西南麓に流下する諸河川を集める桃ノ木川筋に流路をとっていました。次第に流路を前橋台地寄りに変えて、低地帯中央域を現在の若宮町から日吉町、三俣町、西片貝町、東片貝町、野中町にかけて伸びる桃ノ木川右岸に形成されたその後背沖積地帯を残すかたちで広瀬川筋に変流し、その流路は前橋台地内に貫入した中世の利根川変流の時代まで続いたと推定しています。

広瀬川低地帯には〝桃ノ木面〟を浸食するかたちで新しく〝広瀬面〟が形成されたわけで、広瀬面の左岸河崖線は国領町と住吉町の境界を画し、東南方向に流路をとり日吉町と城東町との間を流れ、西片貝町5丁目・交通公園で広瀬川に合流する佐久間川筋に見られる段差地形。その下流は天川大島町・市水道局野中上水場付近に始まる清水川筋に見られる段差地形を結ぶ線上に位置していたと推定されます。

この桃ノ木川から広瀬川へ、そして広瀬川から現在の前橋台地を貫流する利根川の河道の変遷については、小野久米夫さんが前橋学ブックレット20・21、『前橋と古利根川』（上・下巻）に詳述されていますので、参照していただければと思います。

④利根川・烏川水系から独立した前橋・高崎台地

　一方、第1波として高崎市西北方の烏川氾濫原域へと広がっていた前橋泥流は、榛名山西南麓から南麓に流路をとって、前橋市南部から玉村町北部にかけての利根川氾濫原域に流出していた烏川下流域から碓氷川下流や鏑川下流域にも流出範囲を広げ、西毛の諸河川の流路を圧迫しました。

　同市上並榎町付近で、観音山丘陵東北縁に沿って流路をとるようになった烏川は碓氷川や鏑川と合流し、両川の河道を奪う形で河勢を強め、現在の烏川水系へと生まれ変わりました。そして、その河流は前橋泥流末端線部を浸食し、同市並榎町付近から高松町、竜見町、上佐野町、倉賀野町、岩鼻町にかけて連続する高崎台地西北縁～西縁～南縁に連なる河崖が、そして、井野川が烏川に合流する同市八幡原町から玉村町角渕・川井に連続する前橋台地南縁の河崖が形成されました。同時に、南方の藤岡台地の北縁をも画して烏・鏑川低地帯の沖積地の形成につながりました。（第10図）

　前橋泥流に埋没した烏川の旧河道域に向かっては、榛名山南面域に流出

していた井野川（上流部は車川、白川）、染谷川、牛池川、八幡川などが山麓扇状地を広げ、その末端域にあたる烏川旧河道域の井野川低地帯域の沖積地化が進みました。

第10図　高崎市八幡原町地内先の井野川合流点付近の烏川左岸の河崖

　その結果、前橋泥流堆積地域は烏川旧河道域、すなわち現在の井野川流域を挟んで、東西に水系的に独立した前橋南部と高崎東部の対照する2つの平野域の地形形成が進みました。（第11図）

　現在、前橋台地はこの井野川低地帯を境に、西の地域を高崎台地（かつては"倉賀野台地"とも称した）、東の地域を前橋台地と呼ぶ名称が定着しています。

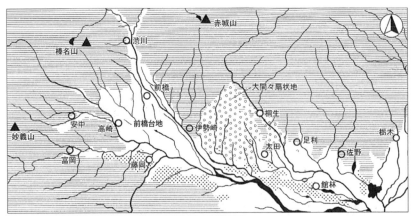

第11-1図　前橋台地とその周縁の利根川水系の河川

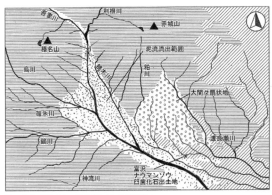

烏川は南流する利根川に前橋南部で合流していた。

第11-2-(1)図　前橋台地の変遷1

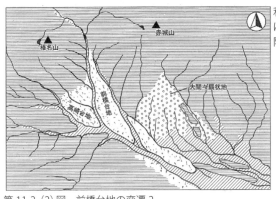

利根川に合流していた烏川は、碓氷川とともに観音山丘陵東線に変流した。

第11-2-(2)図　前橋台地の変遷2

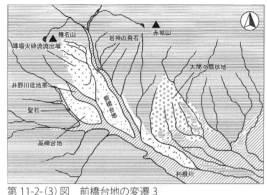

第11-2-(3)図　前橋台地の変遷3

陣場火砕流の発生で南流していた利根川は赤城山裾野末端の桃木川筋に東遷し、井野川低地帯が烏川旧河道域に形成され東の前橋台地・西の高崎台地が形成された。

第11-2-(4)図　前橋台地の変遷4

前橋台地は中央に井野川低地帯をはさんで東に利根川が形成する広瀬川低地帯と西に烏川が形成する烏川・鏑川低地帯に囲まれた利根川・烏川からは水系的に独立した2つの沖積平野となった。

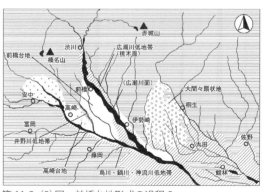

第11-2-(5)図　前橋台地形成の過程5

更新世末〜完新世初期にかけて、西毛山岳域に発生した山岳崩壊（地震か）の泥流が高崎台地に流出し、井野川低地帯東岸を挟んで前橋台地と対照的な地表形成が進んだ。

第2章　　前橋台地の歴史

1　旧石器時代の前橋台地

（1）岩宿遺跡の石器文化と旧石器時代

①異なる時代の2つの石器文化

　前橋台地地域の周縁の赤城山や榛名山山麓の裾野原野や西毛の山岳寄りの丘陵地域では、ナウマンゾウやオオツノシカなどの今では絶滅してしまった大型獣を追って狩りをしていたのでしょう。旧石器時代の狩人が遺した遺跡が各地で見つかっています。

　それら遺跡の発見のさきがけとなった岩宿遺跡の発掘調査では、厚く堆積するローム層内に上下2つの石器包含層が見つかり、時代的に異なる2つの石器群の存在が明らかにされています。この2つの石器群について、発掘者は下層出土石器群を岩宿Ⅰ文化、上層出土の石器群を岩宿Ⅱ文化と石器の形式分類を踏まえて編年的に位置づけました。（第12図）

　岩宿Ⅰ文化の石器群の特

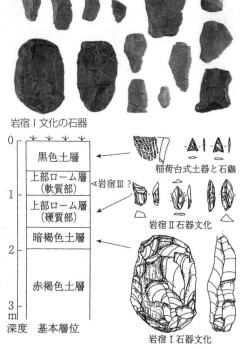

岩宿Ⅰ文化の石器

第12図　岩宿遺跡出土の石器文化と石器出土地層
（石川、2010）

徴は、頁岩を材料とし、打ち欠いてできた縦長の剥片のエッジを刃部とする大型の細長いナイフ形石器が主体で、それに加えて小判形に打ち欠いて形を整え、刃部を磨いた局部磨製石斧（握り槌）が存在することです。

　この岩宿Ⅰ文化の石器群は厚く堆積するローム層の中位を占める暗褐色ローム層から出土していますが、その暗褐色ローム層は、前橋泥流層下部に堆積している日本列島に広く散布が認められる姶良・丹沢火山灰層（ＡＴ層）よりも下位に堆積する地層です。姶良・丹沢火山灰層の堆積した年代は、放射性炭素（C14）年代測定で今から約2.9万年〜2.6万年前とされており、このことから岩宿遺跡の岩宿Ⅰ文化の石器群はそれをさかのぼる時代に存

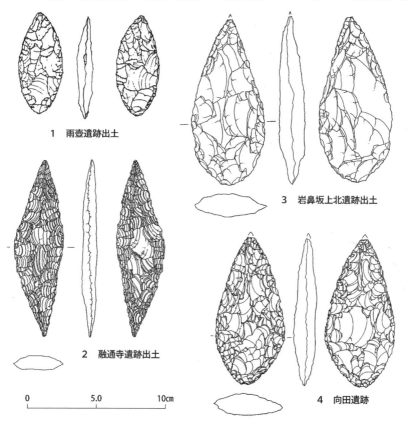

1　雨壺遺跡出土

3　岩鼻坂上北遺跡出土

2　融通寺遺跡出土

4　向田遺跡

0　　　　　　5.0　　　　　　10cm

第13図　井野川低地、高崎台地、前橋台地出土の旧石器時代後期終末期の槍先形尖頭器（ポイント）①②＝井野川低地帯、③高崎台地、④前橋台地

在したものであることは確実です。岩宿遺跡での岩宿Ⅰ文化の石器群を出土した暗褐色ローム層内の炭化物のＣ14年代測定では約3.5万年前という測定値が得られています。現在では、岩宿Ⅰ文化の時代は、各地での調査事例が増加するなかで、今から約2.8万年〜3.5万年前にさかのぼる時代のことと推定されています。

　したがって、前橋泥流層堆積以前の利根川が形成した前橋南部の前橋砂礫層が広がる氾濫原にも、所々に生まれていた疎林や湿原に生息する獲物を求めて進出した狩人たちの残した遺跡が存在するかもしれません。しかし、存在したとしても厚い前橋泥流の地層に埋没していて、よほどのことがない限り明らかにすることはできないでしょう。

②前橋台地の旧石器と群馬県地域の旧石器

　そんなわけで、前橋南部に広がる前橋台地では旧石器時代後期に位置づけられる岩宿遺跡の並行期の遺跡の存在は確認されてはいません。しかし、約1.1万年前に発生したと推定されている高崎泥流層が堆積する井野川低地帯に面した高崎市大八木町・雨壺、同町・融通寺地内の台地に分布する遺跡地や、烏川に面した高崎台地南部の岩鼻町・坂上北遺跡、また前橋台地南部の佐波郡玉村町茂木、向田遺跡からは、槍先形尖頭器（ポイント）が出土、採集されています。（第13図）

　これらの槍先形尖頭器は、雨壺遺跡出土資料が黒曜石製、融通寺出土資料が硬質頁岩製、坂上北遺跡出土資料が砂質頁岩製、向田遺跡出土資料が黒曜石製で、いずれも母岩を割って得た剥片を両面から打ち欠いて扁平な木の葉形に仕上げたものです。黒曜石の産地は長野県・蓼科霧ヶ峰連峰地域や栃木県那須連峰地域にあり、赤城・榛名山系の地域には見つかっていませんから、前橋台地に進出した狩人たちには、すでに遠く離れた長野や栃木方面と何らかの交流を持っていたことも推定されます。

　これらの槍先形尖頭器は、群馬県地域の後期旧石器文化の4期に区分される編年（第14図）では、そのⅢ期に位置づけられるもので、融通寺遺跡出土資料は浅間－板鼻黄色軽石（As-YP）層の上層に堆積する高崎泥流層に

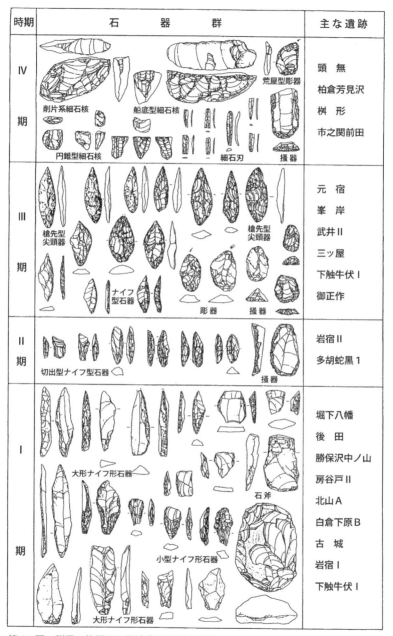

時期	石 器 群	主な遺跡
IV 期	削片系細石核　船底型細石核　荒屋型彫器　円錐型細石核　細石刃　掻器	頭無　柏倉芳見沢　桝形　市之関前田
III 期	槍先型尖頭器　槍先型尖頭器　ナイフ型石器　彫器　掻器	元宿　峯岸　武井 II　三ッ屋　下触牛伏 I　御正作
II 期	切出型ナイフ型石器　掻器	岩宿 II　多胡蛇黒 1
I 期	大形ナイフ形石器　小型ナイフ形石器　石斧　大形ナイフ形石器	堀下八幡　後田　勝保沢中ノ山　房谷戸 II　北山 A　白倉下原 B　古城　岩宿 I　下触牛伏 I

第 14 図　群馬の後期旧石器時代石器群の変遷
　　　　（第 2 回岩宿フォーラムシンポジウム予稿集より転載）

あたるローム層最上部の地層内から出土しています。

③群馬県地域の後期旧石器時代

　現在、後期旧石器時代の編年は4期区分から5期に編年されていますが、その5期に区分される後期旧石器編年は、古い方から1〜3期がナイフ形石器を中心とする石器群から構成される石器文化で、約3.5万年前から約1.8万年前までの時代。岩宿遺跡の岩宿I文化の時代はこの時期の初期に該当することになります。

　4期が槍先形尖頭器を主体とする石器群で、約1.8万年前から約1.6万年前。早くても岩宿II文化の時代と推定されます。

　5期が薄い剥片に剥ぎ取ったカミソリのような鋭利な細石片を木や骨製の母体に複数植刃して利器とする細石刃を主体とした石器文化で、約1.6万年前から1.4万年前と編年されています。

④前橋台地への人々の移住の始まり

　前橋台地における旧石器時代の始まりは、高崎台地や井野川低地帯の地形形成が烏川の変流によって榛名山南麓に流出する井野川水系域として定着した更新世終末段階になって、獲物を追って榛名山南麓や西毛の山間丘陵地域から槍先形尖頭器を携え、進出した狩人たちによって始まったといってよいようです。

　前橋泥流の堆積によって生まれた前橋台地の自然環境は、数千年の年月を経てようやく植生も回復し、動物や鳥類、魚類など生きものの生息する大地へと変容してはいましたが、高崎台地や井野川低地帯地域に比べれば、利根川からは水系的に分離したものの榛名山東南面から台地内に流出する河川は少なく、前橋泥流の氾濫原の景観を止めていたようです。旧石器時代の狩人たちには、赤城山南麓や榛名山東南麓の広大な裾野の広がる大地、それに高崎台地や井野川低地帯地域に比べれば、湿地の広がる変化の乏しい前橋台地の原野は、まだ彼らの生活活動に適した魅力のある土地として映っていなかったのでしょう。

そうした状況が続くなかで、前橋台地にも、更新世末期の地球の温暖化が進むなかで、繰り返し活動する浅間山の噴火で降下する火山灰層の堆積によって湿地の広がる台地内の各所に高燥な微高地が生まれていて、中・小型獣を主とした動物が生息しやすい森林や、魚類が回遊し、渡り鳥のせい息地となる水辺が形成されるなど、自然環境が徐々に変貌していました。前橋台地への人の進出は、こうした自然環境が変容するなかで活動圏域を広げ、中・小型獣や渡り鳥を狩りし、魚採りを行い、植物性食物を採集することに食糧獲得の対象をシフトした槍先形尖頭器を主要な狩猟具としていた狩人たちによって始まりました。今から 1.8 万年〜 1.6 万年前のことと推定されます。

2 縄文時代の前橋台地

（1）縄文時代の遺跡と自然環境

①遺跡の少ない縄文時代の前橋台地

　前橋市域における縄文時代の遺跡の多くは、赤城山西南麓や榛名山東南麓の丘陵地域に見つかっています。（第 1 表）

　しかし、前橋台地の広がる市域の南部平野部では、縄文時代の人々の住んだ集落の様子をうかがわせるような大規模な遺跡はまだ見つかっていません。低湿な平野に獲物を求めて進出したものの、その自然環境に適応した生活に舵を切れずにとどまることのなかった狩人たちが捨てた壊れた土器の欠片が偶然見つかるような散布地が知られているにしかすぎません。

②縄文時代の前橋台地の自然環境

　更新世最後の氷河期を過ぎて温暖な気候へと変動する地球は、今から約 1 万年前を境に完新世（沖積世）の時代に入ります。陸地を覆う氷河が後退した結果、海面の上昇が続き、今から約 6 千年前の縄文時代前期の初めこ

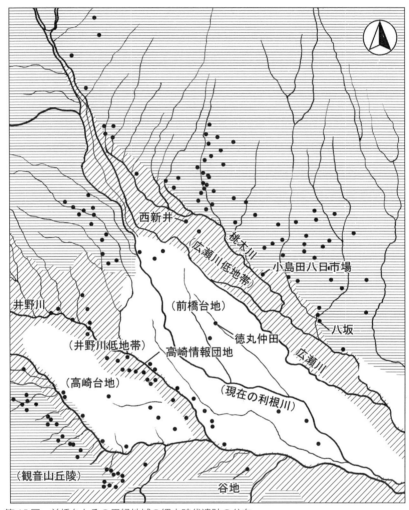

第 15 図　前橋台とその周縁地域の縄文時代遺跡の分布
　　　　　ー前橋台地を二分する井野川低地帯の分布が目立つが、台地内奥部の分布はほ
　　　　　とんど見られない。ー

ろにはピークを迎え、利根川が流入する東京湾の最奥部は邑楽郡板倉町近
くまで海進が進んでいました。（第 16 図）

　海面も現在の海面より 2m も高くなって、海岸の汀線が複雑に入り組ん
だ関東平野南部の台地にも温暖な気候のもとに生育する広葉常緑樹の森林
＝照葉樹林＝が広がり、食用植物が繁茂し、シカ・イノシシなどの中型獣

第16図　縄文時代前期・海進ピーク時の関東地方の海岸線と前橋台地

やウサギ・タヌキなどの小型獣、渡り鳥や、海辺には豊富な魚介類が生息
する自然環境へと変容が進みました。

　関東平野の西北部域を占める前橋台地の生態環境も、そうした南関東地
域の自然環境の変容と連動して進行したであろうことは間違いありません。
海面の上昇による利根川下流域の沖積地化が進行するなかで、利根川中流
域での河流は緩やかな流れに変わり、前橋台地の周縁域の広瀬川低地帯や
烏川低地帯では氾濫原の沖積地化が進みました。また、高崎台地と前橋台
地とを東西に分離する井野川低地帯への榛名山南麓の染谷川や八幡川が形

成する扇状地末端の沖積地の高燥地化も進みました。そうしたなかで、水系的に利根川から独立した前橋台地内にあっては、榛名山東麓に発する午王頭川が現在の台地を貫流する利根川の河道域（利根川変流以前の吉岡川で、クルマ川と呼んでいたという説もある）を流れるようになり、それに向かって、内奥の低湿な土地に滞留する雨水がはけ口を求めて、端気川や藤川の流路が生まれていました。

　ちなみに、現在の広瀬川から分流し、文京町・不二山古墳の北から前橋二子山古墳の東に続く崖縁に河道をとって前橋台地内に流入する端気川の河道は灌漑用水として後の時代に利根川からの引水を意図して掘削されたものです。筆者は、その始まりは台地内の古墳時代の水田開発に始まるものであろうと推定しています。端気川は、もとは南町、文京町から天川原町一帯が水源域の河川だったのです。

③前橋泥流層を覆う浅間山の火山灰層

　こうした自然環境の変容を後押ししたのが、浅間山の火山活動が続くなかでもたらされた降下軽石や火山灰の堆積です。前橋台地では、前橋泥流層上に堆積する1.5〜2.0万年と比定される浅間白糸軽石（As-Sr）と、1.3〜1.4万年前と比定される浅間板鼻黄色軽石（As-YP）の堆積する上下2層のローム層が堆積し、地表の沖積地層の基盤層となっています。（第17図参照）

　火山噴出軽石や火山灰の堆積は、噴火活動の規模と、

第17図　前橋泥流層を覆う浅間白糸軽石・浅間板鼻黄色軽石層（後閑町、前橋日赤病院建設地内）

その噴出方向や噴火時の風向きによって降下範囲が定まり、堆積も一様ではありません。局所的に大量に堆積し、時には周辺域に比べて厚い堆積層を形成しました。その結果、前橋台地の内奥に広がる低湿な氾濫原の所々には火山噴出軽石や火山灰の堆積で生まれた微高地を中心に、また、水捌けのよい台地縁辺の高燥地には、広葉常緑樹や落葉広葉樹林が混生する林が各所に生まれていました。

④森林の少ない低湿な平野・縄文時代の前橋台地

　しかし、スギやマツの針葉樹が混生するようになった落葉広葉樹林の広がる広大な森林原野の赤城山や榛名山の裾野地帯は、丘あり谷ありの地形の変化にも富み、季節の変化がもたらす自然の恵みは豊かで、狩猟・漁撈・採集を基軸とした生活を営む旧石器時代や縄文時代の人々にとっては、生活しやすい環境だったのでしょう。それに比べると、土地の生い立ちが若く、低湿な土地の広がる前橋台地は森林の規模も小さく、魅力のある豊かな土地とは映っていなかったのではないでしょうか。

　市域にあっては、縄文時代全期を通して、赤城・榛名山の山麓原野が縄文人の主たる生活活動圏域でした。それに引き換え、南部平野部の前橋台地地域や広瀬川低地帯地域は、遺跡の存在箇所も少なく、ほとんど人の住まない平坦な原野で赤城・榛名山の南麓や南関東の台地地域の縄文時代人にとっては生活活動を補完する地域にとどまっていたようです。

　しかし、そうした前橋台地にも、旧石器時代末期のころから、気候の温暖化とともに狩猟の主たる対象になっていた大型動物のナウマンゾウやオオツノジカが絶滅するなかで、台地内の諸所に生まれていた平野林に生息するシカやイノシシ、タヌキやウサギなどの中・小型動物、あるいは湿地の水辺に飛来する渡り鳥や、河川を遡上し、沼地に生息する魚類など、また、食料となる木の実、根菜類を求めて狩人たちが足跡を残すようになってもいました。

（2）旧石器時代終末から縄文時代草創期の前橋台地

①小型化した投槍の穂先・有舌尖頭器の発見

　ところで、市域にあっては旧石時代終末期の遺跡は、赤城山南面の裾野地域を中心にして、苗ヶ島町・桝形遺跡をはじめとして五指に余る細石刃文化を身に付けた狩人たちの遺跡が明らかにされていますが、前橋台地域ではまだ見つかってはいません。

　しかし、井野川に面した高崎市・元島名瓦井遺跡をはじめ数カ所、市域でも前橋台地中央域を流れる藤川流域の徳丸仲田遺跡や赤城山麓末端の広瀬川低地帯に面した小島田八日市遺跡で、槍先形尖頭器とは異なり、小型で特有の形状をした有舌尖頭器が出土しています。

　有舌尖頭器は、軸木（骨）の先にはめ込んだ投槍の穂先と考えられ、この時期に見られる大型の槍先形尖頭器とは異なり、基部に返りを持つか、強く張りを持った形をしています。

　細石刃を刃部のパーツとして組み合わせて植刃したものもあります。

　この細石刃という小さな部材を組み合わせて一つの道具を完成させるという技術は、磨製石器の製作技術の習得とともに、旧石器時代から新石器時代へと、人類が成し遂げた生活革命を支えた主要な技術であると指摘されてもいます。気候の温暖化とともに、森林の植生が変わり、敏捷な中・小型動物、渡り鳥などが狩猟対象になるなかで、さばきやすい小型のしかも鋭利な刃を備えた猟具は生活の知恵が編み出し

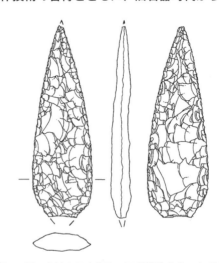

第17図　高崎市元島名町・瓦井遺跡出土の有舌尖頭器

た道具といってよいでしょう。小型化した有舌尖頭器は、石鏃（矢の根石）にも通じるかたちのものがあり、弓矢の発明へとつながったようです。

②投槍・弓矢と土器を使う狩人たちの進出

　こうした狩猟具の創出は、動物質食物に加え植物質食物など、食材の種類を増やし、食材の加工、保存、調理方法の開発へとつながりました。食物の加熱処理（煮る）の容器として、土器も生まれるべくして生まれました。細石刃は北九州では土器を伴って出土していますので、旧石器時代末期の細石刃文化の存続した時代に西日本地域では土器は出現し、やがて、東日本の地域にも広まったものと推定されます。隆起線文土器と呼ばれる口縁部から胴上部に数条のミミズ腫れ様の突帯を付した深鉢形の土器群です。

　東日本の地域でも、最古とされる土器は、この隆起線文土器群で、丸鑿形石斧や大型槍形尖頭器を伴って出現していますが、その種の遺跡には市内にあっては赤城山南面の小島田町・小島田八日市遺跡や荒砥町・北三騎堂遺跡などがあります。

　その一方で、細石刃文化の石器群と共伴して出現したものも存在したようで、北三騎堂遺跡では細石刃と土器が同一地層から共存する状態で見つかってもいます。また、有舌尖頭器を出土する遺跡は、前橋台地でも近年の遺跡調査が進むなかで見つかってきていますが、その一つに台地中央部にあたる徳丸町・仲田遺跡、玉村町福島大光房遺跡、井野川低地に面した高崎市元島名町・瓦井遺跡が知られています。（第17図）

③徳丸仲田遺跡のキャンプサイトと出土の土器

　北関東自動車道の建設に先立って行われた埋蔵文化財の発掘調査で、それまでは想像もしていなかった縄文時代草創期の遺跡が徳丸町内の藤川右岸に広がる微高地で見つかりました。徳丸仲田遺跡です。

　浅間板鼻黄色軽石（As-YP）の堆積層を浅く掘りくぼめた長径4~5m、短径3~4mほどの大きさの不正楕円形をした床面を持つ住居址とされる遺構です。深さ0.2~0.3mの盆状にくぼんだ床面は、あまり踏み固められてはお

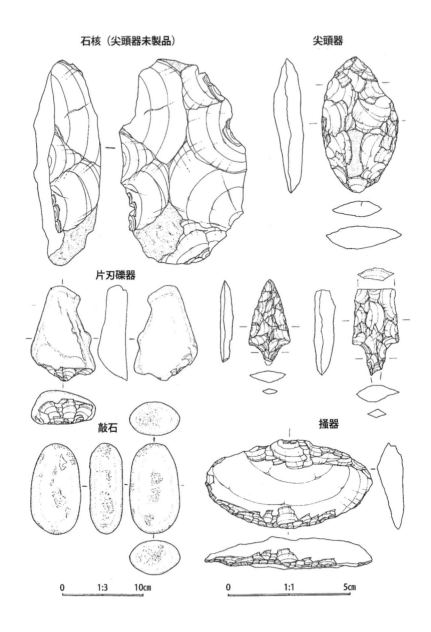

石核（尖頭器未製品）　　　　　　尖頭器

片刃礫器

敲石　　　　　　　　　　　　　掻器

0　　　1:3　　　10cm　　　　0　　　1:1　　　5cm

第18図　徳丸仲田遺跡の石器類
　　　　尖頭器（ポイント）に楔形尖頭と基部にカエリをもつ有茎尖頭器が存在する

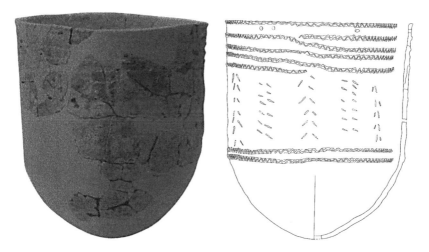

第19図　徳丸仲田遺跡の丸底形深鉢形土器　左・写真、右・実測図（口縁部を刻み、その縁下部にミミズ腫れ状の突帯をラセン状に４周し、下胴部から底部の境い に同様の突帯を２廻する）

らず、柱穴や炉跡もはっきりしていません。木の葉や草で小屋掛けし、雨露をしのぐ程度の簡素な造りのものだったのでしょう。獲物を求めて台地内に進出した狩人の小集団（家族集団か）が短期間滞在したキャンプサイトの住居だったのではないでしょうか。（第3図）

　徳丸仲田遺跡の土器は、この住居址を埋没する土層から木の葉形尖頭器、有舌尖頭器、削器、敲石など（第18図）とともに細かな土器片となった状態で出土しました。

　焼成は軟弱で、表面は摩滅したものが多いなかで、刻みを入れた粘土紐を貼り付けたものがあり、その特徴からそれまで県内では出土例の知られていなかった縄文時代最古の土器群に位置づけられている隆起線文土器の丸底形深鉢であることがわかりました。（第19図）

　隆起線文土器文化の存在は、岩宿遺跡発見以降、日本の旧石器時代の編年の大枠が明らかにされ、旧石器時代から縄文時代へ移行する変革期の研究が進むなかで明らかにされました。すなわち、細石刃や有舌尖頭器が広まった段階から撚糸文・縄文系の土器文化や押型文系の土器文化が発展し

た縄文時代早期の段階へ移行した時代の究明に研究者が志向する中で進展した西日本の洞穴遺跡の調査で明らかにされたのを嚆矢とし、現在では九州から東北北部まで広まったものであることが明らかにされています。大型石槍形尖頭器や局部磨製の大形打製石斧（丸鑿形石斧）、細石刃や有舌尖頭器が存続する段階で何らかのカルチャー・ショックがあって生まれ、ほぼ日本列島全域に広まったものであろうということが推定できるわけです。

　土器の出現が旧石器時代と縄文時代とのターニング・ポイントとすれば、すでに縄文時代の編年では早期から始まる5時期年代区分の大枠が確立しています。隆起線文土器群は、その縄文時代早期に先行するかたちで存在する土器文化であり、その年代・文化的位置づけについては、縄文時代の草創期の土器文化という概念が確立しました。縄文時代の編年の大枠は従来の5時期区分に草創期を加えた6時期区分（草創期・早期・前期・中期・後期・晩期）が現在では定着しています。

　復原された徳丸仲田遺跡の深鉢は、口縁部径27cm、高さ29cmの大きさです。丸底で砲弾形をしており、平らに縁取りした口縁部に刻みを入れ、胴上部に螺旋様に4廻する細いミミズバレ状の突帯、胴下部にも2廻する同種の突帯を廻らし、胴部には器面を整えたのでしょう、意図的と思われる細かな刻み痕も認められます。隆起線文土器群のなかでは出土事例も多く知られ、列島地域に普遍的な広まりを示す微隆起線文系の土器群に編年されるものです。

　前橋台地に人々が進出し、狩猟・漁撈・採集の生活を繰り広げるようになったのは、台地の所々で出土が確認されている遺物の事例から推して、槍先型尖頭器や有舌尖頭器を主要な道具とし、土器を使用するようになった狩人たちであったことは間違いありません。そうしたなかに、徳丸仲田遺跡のある藤川沿いの微高地に簡単な小屋掛けをした休み場をこしらえ、シーズン的に短期間滞在した土器を使用するようになった狩人たちがいたということになります。今から1.4万年前ごろのことと推定されます。

（3）縄文時代早期後半〜前期初頭の前橋台地

遺跡の少ない前橋台地

　前橋台地では井野川や烏川沿いに分布する遺跡のなかに、縄文時代早期の撚糸文土器の見つかったところもありますが、いずれも小断片で、ごく少例です。このことは早期の撚糸文系土器や縄文系土器の分布圏が南関東の海岸寄りの地域を中心とした広がりを強めるなかで、草創期にはほとんど無住に近い状況にあった前橋台地にも、今から１万年前ごろに始まる早期の段階になると、人々の動きは南関東方面から利根川をさかのぼるかたちで存在したことをうかがわせるものです。

　その一方で、分布は稀薄ですが、分布圏の求心域を中部高地に求められる押型文土器も桐生市・普門寺遺跡が示すように榛名山や赤城山の南麓末端から足尾山塊西南麓を結ぶ山（地）平（野）中間地帯を中心に大間々扇状地末端域まで分布を広げています。撚糸文系・縄文系土器文化と押し型文系土器文化が交ざり合うかたちで存在するわけで、離れた地に生活圏域を持つ集団間の接触地帯という様相がうかがえます。

　早期後半期から前期初頭の海進がピークに達した時代になると、邑楽郡の沼沢・低湿地が貫入するローム層台地地域には貝殻条痕文土器の茅山式土器や、続いて羽状縄文土器の関山式土器などの時期の貝塚が目立つようになりますが、その時期の遺跡の分布の広がりは渡良瀬川中流域の大間々扇状地域から赤城山南麓裾野原野域へと広めています。しかし、前橋台地では、この時期の遺跡の存在は明らかではありません。

　前橋台地地域は、縄文時代早期から前期初頭の時代にあってもほとんど無住に近い状態が続いていたと思われます。前橋台地の生態環境は、台地と沼沢地の広がる利根川中流域や、広大な裾野原野の広がる赤城南面地域に比べれば、縄文時代の人々の生活を支えるには隔たりがあったのでしょう。

（4）縄文時代前期の前橋台地

①平地林の広がりと変わる台地の生態環境

　海進が絶頂期を過ぎる縄文時代前期前半ごろから、前橋台地地域にあっても、バラエティーに富んだ器種、羽状縄文や半截竹管文の多様な文様構成で知られる黒浜式土器や諸磯式系土器を出土する遺跡が見られるようになります。

　黒浜式土器や諸磯式系土器に見られる縄文時代前期前半〜中葉期の土器文化の発展は、汎列島的に見られる文化的現象です。海退が進み、気候が温暖化するなかで、前橋台地地域にあっても、湿地の多い沖積地の高燥化・分断化が進み、低地や谷地にトチ・ケヤキなどの落葉樹に加えハンノキ・ヤチダモなどが混生する平地林が生まれていて、赤城・榛名山山麓の裾野台地に広がるスギやカシ類も混生するようになっていた広葉落葉樹林の影響は前橋台地の東北縁の平地林の所々にも現れていたと考えられます。

　縄文時代前期前半〜中葉期における前橋台地内での遺跡の出現、すなわち人々の進出は、こうした多様に生育した関東地方内陸部域の森林環境の変容が動・植物、魚介類などの食料資源を豊かにし、自然の恵みに依存する生活を送る人々の台地内への関心を高めたからなのでしょう。

　南関東の丘陵・台地地域や、北関東の赤城・榛名山の山麓裾野原野は、遺跡の宝庫といわれるぐらい遺跡の多い地域です。縄文人たちにとっては生活しやすい魅力ある土地でしたが、それらの地に生活していた人々のなかにも前橋台地の湿地林や湿地に関心を抱き、進出を試みた人たちが見られるようになりました。背景に遺跡の分布密度にうかがえる人口の増加があったと考えられます。

②高崎台地・井野川低地帯に多い遺跡の分布

　前橋台地でも、井野川寄りの高崎市・八幡原Ａ遺跡で諸磯ｂ式期の住居址の発掘調査例が知られています（第20図）が、調査事例の多い高崎台地では、上越新幹線建設に伴う埋蔵文化財調査で高崎市・下佐野Ⅱ遺跡で諸

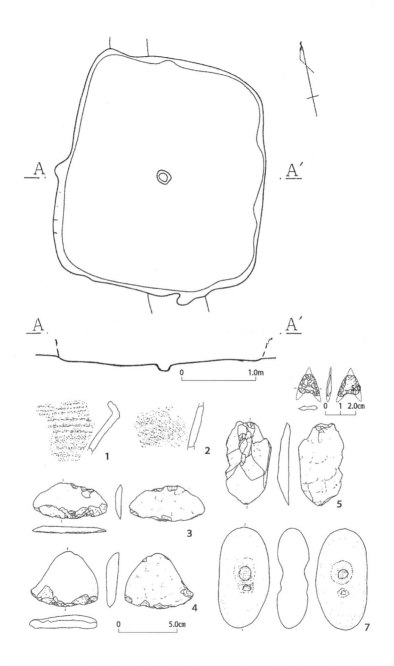

第 20 図　高崎市八幡原町・八幡原遺跡の縄文時代前期（諸磯 b 式期）の住居址と出土遺物

磯b式期の住居址と土壙（墓穴）が、また、下佐野I遺跡では諸磯c式期の住居址が明らかにされています。

　しかしながら、縄文時代前期の前橋台地の生態環境はまだ厳しく、赤城山や榛名山の山麓に広がる広大な森林原野に比べれば、狩猟の対象となる動物や食物対象となる植物の絶対量は、人口の増加する集落を持続的に長期にわたって営むには難しかったのでしょう。小規模な、しかも季節的な進出にとどまっていたようです。

（5）縄文時代中期～後期前半期の前橋台地

①台地縁辺部に分布する前橋台地の遺跡

　前橋台地域では発掘調査された多くの遺跡で、縄文時代中期の土器類や石器類などが後の時代の包含層に混入するかたちで断片的に出土していますが、しっかりした集落の存在を示すような遺跡の発見例は、玉村町・上飯島遺跡において縄文時代中期後半期の加曾利E式期の住居址1軒が見つかっているにしか過ぎません。

　そうしたなかで、どちらかといえば台地北縁寄りの南町、文京町地域での遺物発見事例も知られていますが、筆者が確認している南町の市民文化会館敷地内の一角から出土した土器片は、中期後半期の加曾利E式土器の深鉢型土器の分厚い破片ということが記憶にあります。

　一般に、縄文時代の前期後半から中期にかけては、貯蔵、煮沸容器としての深鉢形土器の大型化が目立ちます。そうした土器容量の大型化の要因として、水に晒して灰汁や渋抜きをしなければならない植物性食物（シイ、ドングリ、トチ、クリ、クルミなどの堅果類）の摂取依存度の増加を指摘する研究もあります。

　このことをもって察すれば、当時の前橋台地の自然環境は、広葉落葉樹林の占める割合は低く、しかも台地中央域を中心に雨水の滞留する湿原と湿地林が広がる景観を各所にとどめていたのではないでしょうか。

②井野川低地帯に多い遺跡の分布

　しかし、井野川低地帯に榛名山南麓の染谷川の形成する山麓扇状地末端に発達した沖積地には、高崎市・大類高崎情報団地第Ⅱ遺跡で、中期後半期の安定的な人の集住を示す大規模集落址が明らかにされています。（第21図）

　この遺跡の調査は、各時代の遺跡が重複する複合遺跡で遺存状態が悪く、しかも全域をカバーしたものではありませんでしたが、竪穴式住居址35軒、土壙（墓穴）130基が検出されています。その検出遺構の状況から推して大規模集落であっ

第21図　高崎市大類町、高崎情報団地第Ⅱ遺跡の縄文時代中期の住居
　　　　址群の一部（左上から左側部にかけて大小円形プランの竪穴
　　　　式住居祉が分布する。方形プランは古墳時代以降の住居址）

たことは間違いありません。中期中葉の勝坂・阿玉台式土器から後半の加曾利Ｅ３式土器の時代にまたがる遺跡で、各時期の集落が継続して営まれていたことをうかがわせますが、１時期の集落規模は、同時代の大規模遺跡として知られる渋川市・三原田遺跡の住居軒数に例をとれば、10～15軒内外と推定してもそう違いはないでしょう。

　高崎台地の烏川左岸沿いの高崎市上佐野町付近から倉賀野町付近にかけては、上越新幹線建設に伴う発掘調査で３カ所の縄文時代の遺跡群が調査されています。上佐野地区内では竪穴住居址18基・土壙42基が、下佐野地区内では竪穴住居址９基・土壙21基が、倉賀野万福寺遺跡では住居址２基・土壙４基・ピット群１群が明らかにされています。（第22図）

　これらの遺跡では、出土した土器などの特徴から縄文時代も中期後半か

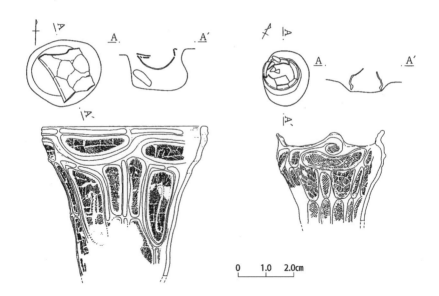

第22図　高崎市下佐野町・下佐野Ⅱ遺跡7区の土坑および出土の深鉢形土器（左：108号土坑、右：110号土坑）

ら後期前半期にかけて、それも南関東地域を中心に発展、分布を広めた加曾利E式土器や、称名寺式土器、堀之内Ⅱ式土器を伴うものが圧倒的多数を占めています。

　こうした時代的特徴をもつ遺跡は、井野川低地帯やそれに面した前橋台地西縁でも6カ所の遺跡が調査されていて、宿大類町の万相寺遺跡では柄鏡形敷石住居址3基、矢島町・村東遺跡では5基の竪穴住居址が明らかにされていますが、いずれも中期後半から後期前半期に位置づけられる遺跡群です。（第23図）

　それらの遺跡が前章で述べてきたところの約1.1万年前に発生したとされる高崎泥流の流出・堆積が見られる地域であることが注目されます。

③井野川低地帯を境に対照的な遺跡の分布

　これに先行して、井野川低地域では宿大類町・山鳥天神遺跡で前期中葉の諸磯b～c式期の竪穴住居址4基・土壙15基が、中尾遺跡では中期中葉の勝坂式土器が埋納された土壙1基が明らかにされています。

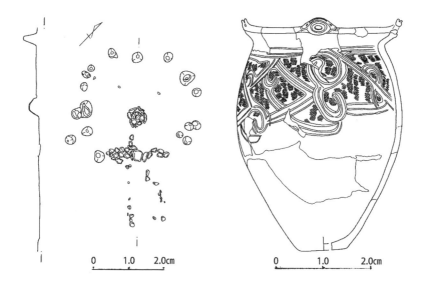

第23図　高崎市倉賀野町・万相寺遺跡2号敷石住居址および出土の深鉢形土器

　烏川が観音山丘陵東麓に変流した後、榛名山南麓に発する井野川（源流は
現在の車川）が旧烏川筋に流出し、井野川低地帯域の沖積地化が進んだ前期
前半ごろから、井野川低地帯や高崎台地には人々の進出が定着し始めたこ
とがうかがえます。

　そうしたなかで、中期中葉ごろからその傾向は一段と進展し、中期後半
から後期初期にかけて最盛期を迎えたようです。しかし、それ以後の後期
後半から晩期初頭にかけては遺跡の存在は明らかではありません

　前橋台地や広瀬川低地帯でも高崎台地や井野川低地帯域に比べれば、遺
跡の僅少性は否めませんが、前期後半ごろから中期、そして後期前半にか
けて台地内への人々の進出はあったと推定されるものの、後期後半にかけ
ての遺跡の存在は明らかではありません。

　榛名山南麓の山林原野を後背地域に持ち、各所に小規模な扇状地が形成
された井野川低地帯や高崎台地に比べれば、利根川の氾濫原が広がる広瀬
川低地帯に阻まれて、低湿な平地が広がり、森林のまばらな前橋台地は赤
城山裾野の広がる地域からの孤立化を一段と強めていたのかもしれません。

縄文海退が安定した縄文時代後期後半ごろから、台地内の沖積地の微高地に広がっていた湿地林や周縁部の高燥地に生育していた平地林でケヤキ、ハンノキなどの混生が進むなかで澱粉質食物の主要な食材であったクリ、ナラ、トチなどの樹木の減少を促すような台地内の生態環境の変容が進んでいたことも原因していたからだと思います。

（6）広瀬川低地帯に出現した縄文時代晩期の西新井遺跡

①現在の広瀬川筋は変流した利根川

　こうしたなか、広瀬川低地帯では、その中央軸域にあたる幸塚町、日吉町、三俣町、西片貝町、東片貝町、野中町にかけては更新世末期ごろから前橋台地地域と並行して前橋泥流層上でのローム質土層の堆積が進み、微高地形が形成されていたようです。それにより、縄文時代後期から晩期のころ

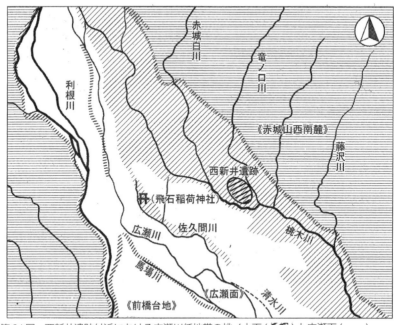

第24図　西新井遺跡付近における広瀬川低地帯の桃ノ木面（▨）と広瀬面（　）
桃ノ木面の佐久間川寄りの国領町から東南方面日吉町、三俣町、東片貝町にかけてはローム層の堆積が見られる

には、利根川の主流は、次第に前橋台地寄りに変流し、岩神町飛石稲荷神社付近から始まり、国領町1丁目にある前橋電報電話局付近へ向かって断続する東西に走る小規模な段差地形、それから日吉町1丁目の県民会館の南付近を経て、三俣町・勢多農林高校と城東町1丁目・市立城東小学校の間を抜けて、片貝町5丁目・前橋こども公園地内で広瀬川に合流する佐久間川筋を左岸とする広瀬川筋に河道を変えていました。（第24図）

②利根川からの分流で沖積化が進んだ桃ノ木川域

その結果、広瀬川低地帯の東北半部域、すなわち赤城山寄りの桃ノ木川筋の沖積地化が進み、縄文時代後・晩期にはその微高地の後背湿地化した桃の木川流域を主たる生活活動の舞台としたのでしょう。赤城山麓を流下する竜の口川が桃の木川に合流する付近に、縄文時代後期から晩期にかけて営まれた集落が出現しました。幸塚町・西新井遺跡です。

遺跡は現群馬大学付属中学校敷地の校庭付近から南方の桃ノ木川の竜の口川が合流する付近まで南北550m、東西約250mの範囲に分布した遺跡と推定されます。

西新井遺跡地の東方約1000m付近は、赤城西南面の裾野地域では最大の遺跡分布域である地を流下する藤沢川の桃ノ木川合流域です。西新井遺跡は、その藤沢川流域遺跡群の西南端域に占地していますが、唯一広瀬川低地帯に進出した遺跡であることが注目されます。西新井遺跡が存続した時代には広瀬川低地帯域に流路を採っていた利根川は、その南西側の広瀬川流域に流路をとっていたことは間違いないでしょう。

③桃ノ木川の漁場に出現した西新井遺跡

西新井遺跡からは土器片の他に、緑泥片岩製の石棒や打製石斧、石鏃などとともに、土錘・石錘などの漁撈用網具なども見つかっていますが、発掘調査が行われた第4地点の土器類のなかには南関東から東関東地域に勢力を広めた縄文時代後期後半から晩期前半期の安行式系の土器に交じり、その影響を受けた在地系の土器とともに、東北地方北部を中心に発展し、

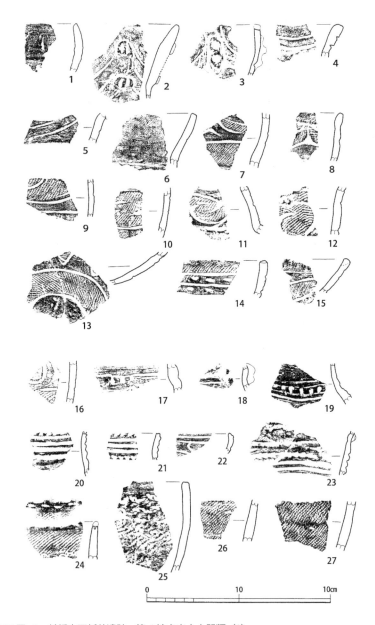

第 25 図 -1　前橋市西新井遺跡、第 4 地点出土土器類 (1)
　　　　　上段　関東系　後期後半〜晩期後半、1~15
　　　　　下段　東北系　晩期前半〜晩期後半、16~27

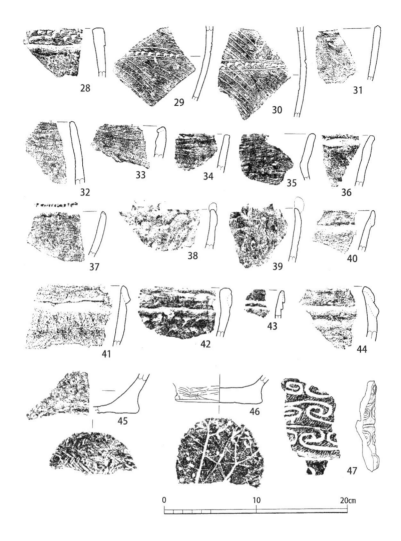

第25図 -2　前橋市西新井遺跡・第4地点出土土器（2）と土偶
　　　　縄文時代晩期の半精整土器及粗製土器、28~46
　　　　東北地方晩期の大洞系遮光土偶破片（大洞 BC 式期併行期）、47

その分布圏域を西日本の地域まで広げた亀ヶ岡文化の大洞式土器（b1式、bc式、c2式）と推される破片も存在しています。（第25図）

　亀ヶ岡文化の系譜に位置づけられる土器類は、伊勢崎市・米岡遺跡、藤岡市・谷地遺跡や、神流川流域の縄文時代晩期の遺跡からは例外なく出土例が知られており、利根川上流のみなかみ町・矢瀬遺跡では、遺跡を形成する主要な土器群です。

　西新井遺跡は、内陸魚の集まる河川の合流地。利根川支流の桃の木川に遡上するサケの漁場を求めて住んだ集団が遺した遺跡だったと推定されますが、その遺跡を残した集団は、それら県内縄文時代晩期の遺跡を残した集団とともに東北地方を中心に発展した亀ヶ岡文化の影響を強く受けていたことが推されます。

　県内でも認められることですが、東日本の内陸部に分布する縄文時代晩期の遺跡の多くは、河川が合流する地点に面した低位河岸段丘面や沼沢地に面した低台地の突端や縁辺部に占地する傾向があります。このことに着目して、河川を遡上するサケの漁撈が縄文時代晩期の人々の生活の多くを支えたのではないかということを視点に据えた"縄文時代サケ文化論"が有名です。

　西新井遺跡は　そのサケの猟場として定着した集落遺跡。小規模ながら複数の単位集団が構成した"ムラ"の遺跡といえるのではないでしょうか。

(7) 縄文時代晩期の前橋台地

①忘れられた無住の大地ー前橋台地ー

　前橋台地、高崎台地内には縄文時代後晩期の遺跡の存在は明らかではありません。縄文時代前期中葉をピークに進展した縄文海進は、以後海退に転じ、温暖な気候と寒冷な気候との小幅な変動を繰り返しながら私たちの時代に至りましたが、縄文時代後期の段階になると寒冷化が進んだようです。そうしたなかで、関東地方にあっては埼玉県北部から東部の利根川や荒川流域の低湿な沖積平野には網状流の遺した微高地が各地に生まれてい

ました。

　同じような地形形成は、前橋台地の沖積地にも見られ、台地内の各所には小規模な微高地が増え、落葉広葉樹林に常緑広葉樹や常緑針葉樹が混生するいわゆる雑木林が点在し、アシ原の繁茂する湿潤な原野が台地の内央に広がったと考えられます。しかし、そうした自然環境は、自然の恵みに依存し、食用植物の採集と植栽管理、狩猟と捕獲動物の飼育・漁撈の生活を営んでいた縄文人には、そこに生息する動物・魚介類は豊かではなく、魅力のある土地とは映らなかったのでしょう。

　そうしたなかで、縄文時代後期後半から晩期の遺跡は、それまでの前期や中期、後期前半代に比べると著しく減少しています。それらの遺跡を残した人々は、食料資源獲得の主業を河川の漁撈に求めたのではないでしょうか。前橋台地の周辺域では、縄文時代晩期の遺跡は、低湿な沖積地内に微高地の形成が進み、河道も安定した利根川本流域の広瀬川低地帯域や西毛地域の河川を集めて流れる烏川域の烏川低地帯域に出現しています。

　広瀬川低地帯域には後期後半ごろから幸塚町・西新井遺跡が出現しましたが、荒砥川に神沢川が合流し広瀬川低地帯域に流出する地の伊勢崎市安堀町内に八坂遺跡が知られています。また、烏川低地帯域には藤岡市・谷地遺跡や高崎市・阿久津遺跡などがあり、利根川に烏川・神流川が合流する伊勢崎市東南域の境北米岡町には関東地方では最大の大きさを誇る岩版（縄文時代晩期中葉期・重要文化財）の出土遺跡として知られる米岡遺跡があります。

　周辺地域から水系的には利根川、烏川流域から独立した前橋台地は、豊かな森林の広がる赤城山や榛名山の裾野原野に比べれば、平地林の規模は小さく、また域内に流出する河川も小規模で、食糧資源の多くを自然の恵みに依存する生活を営んでいた縄文時代の人びとには魅力のある豊かな大地ではなかったのでしょう。

　前橋台地はほとんど無住の原野のまま、縄文時代の終焉を迎えました。

あとがき

　筆者は、地形学・地質学上の研究には全くの素人。市域南部に広がる前橋台地についても、そこに存在する遺跡についての専門的知識を持ち合わせてはいるものの、遺跡が存在する大地のことになると、斯界の研究者の研究成果を引用させていただくだけで、その成り立ちに目を向けることはほとんどありませんでした。

　今では、その残存数は10基に満たない前橋台地の古墳も昭和10年の全県一斉の古墳調査では総数154基という古墳が"前橋台地"と地学研究のサイドから命名された地域の市域内にあたる広瀬・韮川沿いの文京町から朝倉町、広瀬町、山王町、東善町には分布していたことが報告されていて、古墳時代には県内はもちろん、東日本で有数の地域発展を見た地域であることは明らかです。

　浅間山の噴火がもたらした無住の大地の自然環境が変容するなかで、人間の生活活動の舞台となり、それから東日本有数の発展を見た地域形成へと歩んだ地域の足取りを私たちの遠い祖先が残した遺跡・遺物から見つめてみるだけではなく、その舞台となった大地の成り立ちと移り変わりのなかで考えてみることが大切ではないかと考え、思いつくまま草したのが本書執筆の動機です。

　本書執筆にあたっては、先学、諸先輩の残された研究業績に多くを負っています。なかでも、群馬大学名誉教授故新井房夫先生の著された文献や、県内火山灰降下物層の同定で遺跡研究に大きな業績を有しておられる早田勉氏の『群馬県史』や県内市町村史（誌）などに上梓された諸論文に、また、『新編高崎市史』通史編1に載る県内の地理、地質学研究者らの論文には多くを学ばせていただきました。群馬県教育委員会（含む埋蔵文化財調査事業団）・前橋市教育委員会・高崎市教育委員会の調査になる埋蔵文化財調査報告書から引用、転載させていただいた論文・資料が多くを占めています。

　そして、これら資料の蒐集・整理には平野進一・佐藤明人・前原豊君や、

前橋市教育委員会文化財保護課などで知遇を得た多くの方々の協力をいただいています。誌面を借りてお礼申し上げるものであります。

2020（令和2）年12月

梅沢重昭／うめざわ・しげあき

1934年生まれ。明治大学大学院修士課程修了。群馬県立歴史博物館副館長、群馬県立埋蔵文化財センター所長、群馬県教育委員会文化財保護課長、群馬大学教育学部教授などを歴任。
［主な著作］「群馬東部」（『日本の古代遺跡』保育者）、「毛野の古墳の系譜」（『考古学ジャーナル』150）など

〈参考・引用文献〉

一般・概説書等

1 安田喜憲 『環境考古学事始 日本列島2万年』 NHK ブックス 365 日本放送出版協会
（昭和 55・04・20）

2 新井房夫編 『火山灰考古学』 古今書院（1993・07・30）
  ＊新井房夫 「縄州の火山噴火の歴史」
  ＊辻誠一郎 「火山噴火が生態系に及ぼす影響」

3 小菅将夫 『赤城山麓の三万年前のムラ・下触牛伏遺跡』 新泉社（2006・12・25）

4 小菅将夫 『旧石器時代の発見 岩宿遺跡』 新泉社（2014・12・25）

5 群馬県埋蔵文化財調査事業団 『群馬の遺跡』 上毛新聞社
  1 旧石器時代（平成 17・03・31）
  2 縄文時代 （平成 17・01・30）

6 小野久米夫 『前橋と古利根川（上巻）－先史利根川と古代利根川』前橋ブックレット⑳
  上毛新聞社（2019・09・26）

県・市町村史誌等

1 前橋市史編纂委員会編 『前橋市史・第1巻』 前橋市（昭和 46）
  ＊新井房夫 「第1編 第2章 地形・地質」

2 群馬県史編纂委員会編 『群馬県史 通史編1 原始古代』（平成 2）
  ＊早田 勉、能登 健 「第1章 群馬県の自然と風土」

3 高崎市市史編さん委員会編 『新編高崎市史 資料編1 原始古代1』（平成 11）
  ＊桜井美枝 「高崎市の旧石器時代」
      同   「高崎市の草創期の石器」
  ＊鬼形芳夫 「高崎市の縄文時代」

4 高崎市市史編さん委員会編 『新編高崎市史 通史編1 原始古代』（平成 15）
  ＊中村正芳 「第1章 一 高崎の自然の特色」
  ＊早田 勉 「第1章 二 火山灰の風土」
  ＊中村正芳・早田 勉 「第一章 三 高崎の自然史」

研究機関紀要掲載論文等

1 新井雅之・矢口裕之・早川由紀夫・中村正芳 「およそ1万年前に発生した高崎泥流の分布と
  起源」『日本地質学会第 100 年学術大会講演要旨』（1993）

2 関口博幸・下岡順直・早田 勉 「群馬の旧跡編年のための基礎研究：関東地方西北部におけ
  る石器群の出土層 位・テフラ層序・数値年代の整理と検討」『（財）群馬県埋蔵文化財調査
  事業団研究紀要 29』（2011）

3 関口博幸 ［後期旧石器時代における前橋泥流をめぐる遺跡形成史］『岩宿フォーラム予稿集』
  （2008）

4 薗田芳雄「普門寺観音山包含地遺跡調査概報 『両毛古代文化（1号）』（1948）

県・市町村（含む調査団体）調査報告書等

1 『国指定天然記念物 岩神の飛石 環境整備事業報告書』 前橋市教育委員会 （平成28）

2 「下触牛伏遺跡」『身体障害者スポーツセンター建設予定地内埋蔵文化財発掘調査報告書』
　（財）群馬県埋蔵文化財調査事業団 （1986）

3 「今井三騎堂遺跡 －旧石器時代編－」『多田山丘陵開発に伴う埋蔵文化財調査報告書 第2集』
　（財）群馬埋蔵文化財調査事業団 （平成16）

4 「徳丸仲田遺跡（1）－縄文時代草創期編－」『北関東自動車道（高崎〜伊勢崎）地域埋蔵文
　化財調査報告書 第4集』（財）群馬県埋蔵文化財調査事業団 （2001）

5 「元島名瓦井遺跡」『高崎市遺跡調査会発掘調査報告書39』高崎市教育委員会 （1995）

6 「八幡原A、B遺跡」、「上滝遺跡」元島名遺跡」『関越自動車道建設地域埋蔵文化財調査報
　告書（9）』（財）群馬県埋蔵文化財調査事業団（1981）

7 「下佐野遺跡II地区」『上越新幹線建設地域埋蔵文化財調査報告書（48）』（財）群馬県埋蔵文
　化財調査事業団（1981）

8 「下佐野遺跡I地区・寺前地区」『上越新幹線建設地域埋蔵文化財調査報告書（77）』（財）群
　馬県埋蔵文化財調査事業団（1989）

9 「高崎情報団地II遺跡第1分冊 《縄文時代編》」『高崎市教育委員会埋蔵文化財発掘調査報告
　書第177集』 高崎市教育委員会（2002）

10 『西新井遺跡第4地点発掘調査報告書』 前橋市教育委員会（2014）

11 「向田遺跡」『玉村町埋蔵文化財発掘調査報告書（第87集)』 玉村町教育委員会（2010）

創刊の辞

　前橋に市制が敷かれたのは、明治25年（1892）4月1日のことでした。群馬県で最初、関東地方では東京市、横浜市、水戸市に次いで4番目でした。

　このように早く市制が敷かれたのも、前橋が群馬県の県庁所在地（県都）であった上に、明治以来の日本の基幹産業であった蚕糸業が発達し、我が国を代表する製糸都市であったからです。

　しかし、昭和20年8月5日の空襲では市街地の8割を焼失し、壊滅的な被害を受けました。けれども、市民の努力によりいち早く復興を成し遂げ、昭和の合併と工場誘致で高度成長期には飛躍的な躍進を遂げました。そして、平成の合併では大胡町・宮城村・粕川村・富士見村が合併し、大前橋が誕生しました。

　近現代史の変化の激しさは、ナショナリズム（民族主義）と戦争、インダストリアリズム（工業主義）、デモクラシー（民主主義）の進展と衝突、拮抗によるものと言われています。その波は前橋にも及び、市街地は戦禍と復興、郊外は工業団地、住宅団地などの造成や土地改良事業などで、昔からの景観や生活様式は一変したといえるでしょう。

　21世紀を生きる私たちは、前橋市の歴史をどれほど知っているでしょうか。誇れる先人、素晴らしい自然、埋もれた歴史のすべてを後世に語り継ぐため、前橋学ブックレットを創刊します。

　ブックレットは研究者や専門家だけでなく、市民自らが調査・発掘した成果を発表する場とし、前橋市にふさわしい哲学を構築したいと思います。

　前橋学ブックレットの編纂は、前橋の発展を図ろうとする文化運動です。地域づくりとブックレットの編纂が両輪となって、魅力ある前橋を創造していくことを願っています。

前橋市長　山本　龍

〜BOOKLet

前橋学ブックレット 25

前橋台地 I
その成り立ちと旧石器・縄文時代

発 行 日／2021 年 3 月 12 日 初版第 1 刷

企　　　画／前橋学ブックレット編集委員会
〒 371-8601　前橋市大手町 2-12-9　tel 027-898-6994

著　　　者／梅沢重昭

発　　　行／上毛新聞社デジタルビジネス局出版部
〒 371-8666　前橋市古市町 1-50-21　tel 027-254-9966

ⓒ Umezawa Shigeaki　Printed in Japan 2021

ISBN 978-4-86352-276-3

ブックデザイン／寺澤　徹（寺澤事務所・工房）

前橋学ブックレット〈既刊案内〉

❶ 日本製糸業の先覚 速水堅曹を語る（2015 年）
石井寛治／速水美智子／内海 孝／手島 仁
ISBN 978-4-86352-128-5

❷ 羽鳥重郎・羽鳥又男読本 ―台湾で敬愛される富士見出身の偉人―（2015 年）
手島 仁／井上ティナ（台湾語訳）
ISBN 978-4-86352-129-2

❸ 剣聖 上泉伊勢守（2015 年）
宮川 勉
ISBN 978-4-86532-138-4

❹ 萩原朔太郎と室生犀星 出会い百年（2016 年）
石山幸弘／萩原朔美／室生洲々子
ISBN 978-4-86352-145-2

❺ 福祉の灯火を掲げた 宮内文作と上毛孤児院（2016 年）
細谷啓介
ISBN 978-4-86352-146-9

❻ 二宮赤城神社に伝わる式三番叟（2016 年）
井野誠一
ISBN 978-4-86352-154-4

❼ 楫取素彦と功徳碑（2016 年）
手島 仁
ISBN 978-4-86352-156-8

❽ 速水堅曹と前橋製糸所 ―その「卓犖不羈」の生き方―（2016 年）
速水美智子
ISBN 978-4-86352-159-9

❾ 玉糸製糸の祖 小渕しち（2016 年）
古屋祥子
ISBN 978-4-86352-160-5

❿ 下馬将軍 酒井雅楽頭の菩提寺 龍海院（2017 年）
井野修二
ISBN 978-4-86352-177-3

⓫ ふるさと前橋の刀工 ―古刀期～近現代の上州刀工概観―（2017 年）
鈴木 叡
ISBN 978-4-86352-185-8

⓬ シルクサミット in 前橋 ―前橋・熊本・山鹿・宇都宮・豊橋―（2017 年）
前橋学センター編
ISBN 978-4-86352-189-6

⓭ 老農・船津伝次平の養蚕法（2017 年）
田中 修
ISBN 978-4-86352-193-3

⓮ 詩のまち 前橋（2018 年）
久保木宗一
ISBN 978-4-86352-215-2

⓯ 南橘地区の筆子塚からみる庶民教育（2018 年）
南橘地区歴史文化活用遺産委員編
ISBN 978-4-86352-225-1

⓰ 上川淵地区の伝統行事と祭り（2018 年）
上川淵地区郷土民俗資料館編
ISBN 978-4-86352-229-9

⓱ 富士見かるた（2018 年）
富士見地区歴史文化遺産活用委員編
ISBN 978-4-86352-230-5

⓲ 下川淵カルタ（2019 年）
下川淵地区歴史文化遺産活用委員編
ISBN 978-4-86352-235-0

⓳ 前橋の旧町名（2019 年）
町田 悟
ISBN 978-4-86352-240-4

⓴ 前橋市と古利根川［上巻］先史利根川と古代利根川（2019 年）
小野久米夫
ISBN 978-4-86352-241-1

㉑ 前橋市と古利根川［下巻］中世根川と近世利根川（2019 年）
小野久米夫
ISBN 978-4-86352-243-5

㉒ 山王廃寺は放光寺（2020 年）
松田 猛
ISBN 978-4-86352-266-4

㉓ 酒井忠清 申渡状を繙く（2020 年）
野本文幸
ISBN 978-4-86352-271-8

㉔ 赤城南麓の覇者が眠る大室古墳群（2020 年）
前原 豊
ISBN 978-4-86352-272-5

各号 定価：本体 600 円＋税